CATALOGUE

D'UNE

PRÉCIEUSE COLLECTION

DE

TABLEAUX

ANCIENS

Des Écoles Hollandaise, Flamande et Française

GROUPES

STATUES EN MARBRE ET BRONZES

DONT LA VENTE AURA LIEU

Après décès de Mme Ve MARTIN

HOTEL DES VENTES MOBILIÈRES, RUE DROUOT, N. 5

Salle n. 5

Le Lundi 24 Avril 1856, à deux heures

Par le ministère de Me GENEVOIX, Commissaire-Priseur,
rue de l'Échiquier, 34,

Assisté de M. FEBVRE, Expert, rue de Choiseul, 13,

Chez lesquels se distribue le Catalogue

EXPOSITION PUBLIQUE

Le Dimanche 20 Avril 1856, de midi à cinq heures.

PARIS

MAULDE ET RENOU

IMPRIMEURS DE LA COMPAGNIE DES COMMISSAIRES-PRISEURS

rue de Rivoli, 144.

1856

CONDITIONS DE LA VENTE.

Elle sera faite au comptant.

Les acquéreurs paieront, en sus des adjudications, cinq centimes par franc applicables aux frais.

Un puissant intérêt est attaché à la collection que nous mettons en vente, car plusieurs grands maîtres y sont représentés par des œuvres capitales.

Quoi de plus gracieux en effet que cette bacchante de Greuze, si souvent enviée des amateurs, et que l'auteur offrit à son ami Augustin, comme l'une de ses meilleures productions; quoi de plus suave que cette composition du poétique Prud'hon, qui rivalise de grâce et de fraîcheur avec celles de Corrége! Quoi de plus naïf que cette scène familière de Lépicié, qui tient le milieu entre l'arrangement de Greuze et le faire de Chardin! Et cette ravissante bacchanale de Vallin, provenant de la collection de Sussi; et cette grande et belle page de Pierre Wouwermans, sortie du cabinet Dufresne et qui est sans contredit l'œuvre la plus capitale de cet habile artiste qui fut très-certainement aidé dans son travail par son frère Philippe, dont on retrouve partout la touche moelleuse et le précieux fini.

Nous citerons à la suite deux beaux chevaux de Géricault qui seront vivement disputés aux enchères, un bel échantillon de Wynands, un Van Bergen, un Demarne, plusieurs Mallet, deux Bega, un Van Spaendonck, et enfin le Taureau blanc d'Ommeganck.

Nous signalerons aussi plusieurs beaux marbres et des bronzes d'après l'antique, qui complétent de la manière la plus heureuse cette collection dont chaque pièce porte le cachet du bon goût, et qui fait le plus grand honneur à celui qui l'a formée.

A. FEBVRE.

DÉSIGNATION
DES TABLEAUX

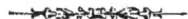

ÉCOLE FRANÇAISE.

BERTIN (Louis-Victor).

1 et 2 — Deux fixés, paysages avec baigneuses.

BIDAULT (attribué à).

3 — Deux paysages mythologiques avec danses de nymphes, matinée et soleil couchant.

BOUTON, 1822, signé. Salon 1822, n° 160.

4 — Grotte de Saint-Germain-la-Truite, près Gaillon (Seine-Inférieure).

Une mère tenant son enfant malade vient à cette grotte puiser l'eau de sa source qui est dans ce pays renommée pour la guérison des malades.

DU MÊME.

5 — Le Prisonnier.

DU MÊME.

6 — Vue du Grand Canal et du Palais des Doges. (Venise).

DU MÊME.

7 — Intérieur de cuisine.

BOURDON (Sébastien).

8 — Près d'une tente, des soldats assis jouent aux dés, à leurs pieds une femme allaite son enfant; plus loin et à la porte de la tente sont d'autres soldats et un cheval blanc.

DAGUERRE.

9 — Paysage, soleil couchant.

DU MÊME.

300 10 — Paysage, vue prise en Suisse.

DUVAL LE CAMUS (Salon 1833, n° 822).

620 11 — La bonne Vieille de Sologne.

GÉRICAULT.

600 12 — Cheval isabelle tigré, effrayé par la foudre.

DU MÊME.

450 13 — Intérieur d'écurie.
Un beau cheval pie est debout sur le premier plan ; derrière lui se dessinent les croupes de cinq autres chevaux mangeant au râtelier.

GREUZE (Jean-Baptiste).

1100 14 — Tête de Bacchante.
Sa tête voluptueuse est couronnée de pampres et animée par le plaisir ; ses cheveux tombent en boucles sur ses épaules nues ; une draperie légère couvre une partie de ses bras.
(Vendu 6,000 fr. à la vente Augustin).

LÉPICIÉ, signé, 1774. — Gravé par HEMERY.

15 — La Promesse approuvée.

    Que cette villageoise est intéressante ! assise entre sa fille et celui qui va devenir son gendre, elle cède enfin aux instances du jeune couple et les unit. Elle regarde avec une tendresse inquiète celui auquel elle va confier ce qu'elle a de plus cher. La jeune fiancée, tout en offrant une main à son futur, pose affectueusement l'autre sur l'épaule de sa bonne mère comme pour la remercier de son bonheur et la rassurer sur son avenir.

    Cette scène intime se passe dans une chambre rustique où des meubles, des ustensiles de ménage, et divers objets offrent l'ensemble le plus pittoresque.

LEPRINCE (XAVIER), signé, 1822.

16 — L'arrivée.

DU MÊME, 1822, signé. (Salon 1822, n° 862.)

17 — Composition connue sous le titre des Bonnes à la promenade.

LOUTHERBOURG.

18 — Paysage avec pâtre et jeune fille gardant leurs troupeaux.

DU MÊME.

19 — Paysage; à droite, des paysans au repos; au centre, bateau remontant un canal; dans le fond, plaine s'étendant à l'horizon.

MALLET (Jean-Baptiste), signé.

20 — L'Heureux ménage, intérieur.

DE MARNE (Jean-Louis).

21 — Paysage, environ de Paris.
> A gauche est une route plantée de grands arbres et bordée d'habitations, sur la route sont des voitures, des paysans à cheval et des villageois conduisant leur bestiaux, un troupeau sort d'une ferme qui occupe la droite, et à la porte de laquelle est un charron travaillant et les domestiques de la maison.

PRUD'HON (Pierre-Paul).

22 — L'Amour séduit l'Innocence, que le Plaisir entraîne et que suit le Repentir.

ROGER (A.), 1822, signé.

26 — Le Départ pour la ville.

RÉGNAULT DE ROME (Jean-Baptiste), signés.

23 — L'Amour et Psyché.

DU MÊME.

24 — Mars et Vénus.

RÉGNIER (Jacques-Augustin), signé.

25 — Paysage avec cascades.

DU MÊME.

27 — Place de Rome.

Les apprêts pour la course.

ROUMY, signé.

28 — Soldats italiens campant dans une campagne au site montagneux.

TORDENONA, 1735 (signé).

29 — Allégorie de la Musique.

Représentée sous les traits d'une jeune femme jouant de la guitare, devant elle des Amours tiennent un cahier ouvert, un autre un pipeau et un oiseau; autour d'eux sont divers instruments de musique.

DU MÊME.

30 — Allégorie de la Poésie lyrique.

Représentée sous les traits d'une jeune femme mollement étendue, elle retient de la main gauche les larges feuilles d'un manuscrit, sa droite soutient sa tête inspirée, une draperie couvre en partie ses jambes, près d'elle un groupe de Génies tient des intruments, derrière eux se voient les bustes de plusieurs auteurs célèbres.

TRUCHOT, 1822, signé.

31 — La Visite au monastère.

VALLIN.

32 — Fête à Bacchus.

Dans une grotte est Bacchus monté sur une panthère, en vain les Bacchantes cherchent-elles à l'entraîner à de nouveaux plaisirs, le jeune Dieu, déjà pris par l'ivresse, se laisse mollement aller; sa tête animée et ornée de pampres tombe sur sa poitrine, sa main soutient à peine son thyrse symbolique.

(Provenant de la vente Bussi).

DU MÊME, 1822, signé.

33 — Le Baptême de Jésus.

VAN-LOO (César), 1804, signé.

34 — Effet de lune.
> Paysage avec rivière et pont conduisant à une ancienne fortification, quelques villageois passant sur le pont animent cette composition.

ÉCOLES FLAMANDE ET HOLLANDAISE

BEGA (Corneille).

35 — Intérieur avec buveur causant avec une jeune femme.

DU MÊME.

36 — Paysans hollandais réunis dans une salle basse, les uns buvant, les autres causant.

BERGEN. (Thierry van).

37 — Pâturage entouré d'épais taillis où se reposent deux vaches et plusieurs moutons; un chien et une chèvre se désaltèrent à une mare qui occupe la gauche de la composition; dans le fond, pâtre et villageois causant.

BOUT et BAUDEWINS.

38 — Paysage.

A droite est l'entrée d'une ville avec pont en ruine. Au centre coule une rivière chargée de barques; sur la rive des bateaux amarrés, des marins et des marchands de poissons.

DES MÊMES.

39 — Même genre de composition que le précédent.

BREUGHEL DE VELOURS.

40 — Intérieur de parc, avec riche habitation entourée d'une pièce d'eau sur laquelle sont des gondoles chargées de personnages de distinction faisant une promenade ; à droite, massifs d'arbres avec pelouse où sont des groupes de causeurs ; à gauche, pâturage et ferme.

DU MÊME.

41 — Paysage offrant une vaste campagne se perdant à l'horizon ; au centre, massif d'arbres bordant un ruisseau ; à gauche, route avec cavaliers et chariots.

HEEMSKERK.

42 — Conversation flamande.

OMMEGANCK, 1808, signé.

43 — Gras et frais pâturage où sont debout une vache brune et une noire: à droite, un jeune homme passe une corde aux cornes d'un beau taureau blanc; dans le fond est une barrière sur laquelle s'appuie une villageoise.

SPAENDONCK (CORNEILLE VAN).

44 — Belles fleurs aux tons variés, s'élevant d'une corbeille posée sur une table en marbre.

TÉNIERS (DAVID).

45 — Le Retour de la chasse.

Intérieur d'un cellier où un majordome, fusil en main, donne des ordres à des valets; dans le fond, porte entr'ouverte donnant sur la campagne, sur le devant quelques chiens au repos près de pièces de gibier et de divers ustensiles de cuisine.

WOUWERMANS (PIERRE).

46 — Carrousel donné sous Louis XIV, place Royale, à l'occasion de la naissance du Dauphin.

Au milieu de la place s'élèvent les tribunes royales et celles de la noblesse; la reine Marie-Thérèse préside cette solennité, dont le héros principal est le jeune Roi, qui, sous le costume d'un chevalier rouge, et la lance au poing, charge impétueusement son adversaire; d'autres cavaliers, autour de l'arène, attendent l'issue du combat afin de pouvoir prendre à leur tour leur part de gloire et de danger. Des escadrons représentant les anciens preux occupent la partie droite de la composition. Sur le devant une mascarade rivalisant avec les grotesques accoutrements de Callot, entoure un riche carosse dans lequel sont des dames masqués; à gauche se voient des scènes qui caractérisent bien cette époque; ici deux gentilshommes s'escriment l'épée à la main; plus loin des baladins et des marchands sont entourés de curieux; la place est remplie d'une multitude compacte à peine contenue par les gardes du roi et les archers. A toutes les croisées sont des spectateurs richement vêtus; à droite, balcon où nous présumons que l'artiste a dû se représenter.

Le spectateur a le dos tourné à la rue Saint-Antoine, en face de lui est le pavillon des Minimes; à droite, au fond, l'entrée de la rue du Pas de la Mule. Quelques édifices du vieux Paris, les églises Notre-Dame des Champs, Saint-Eustache, la tour Saint-Jacques, Saint-Gervais et les hauteurs de Montmartre dominant la composition.

(Provenant de la Collection Dufresne).

WYNANDS (Jean), signé.

47 — Paysage offrant à droite un monticule sablonneux éclairé par un soleil brillant, sur ce coteau tourne une route à larges sillons, sur laquelle se reposent des villageois; au centre, s'élève un bouquet d'arbres touffus; le fond est borné par des collines vaporeuses.

INCONNU.

48 — Paysage, site italien.

49 — Une belle tapisserie des Gobelins formant tableau, elle représente plusieurs oiseaux à son centre, qui est entouré par quatre frises à arabesques, et des médaillons d'après l'antique, figures en grisaille.

OBJETS D'ART

— Plusieurs groupes et figurines en bronze, en partie d'après l'antique.

— Deux bustes de jeunes femmes attribués à Coustou.

— Une Statue de la Vénus accroupie, d'après l'antique.

www.ingramcontent.com/pod-product-compliance
Lightning Source LLC
Chambersburg PA
CBHW050041230526
45470CB00003B/1380